ЛЕНА РЕПЕТУР

Одиссей ищет друга

Рисунки автора

МОСКВА
«ДЕТСКАЯ ЛИТЕРАТУРА»

Жил один пёс. Звали его Одиссей.

И жил Одиссей в приюте вместе с другими собаками. Было их немало, самых разных. Вот.

Иногда в этот приют приходили люди, чтобы взять себе домой собаку. Ну а знаешь, как в этих делах — люди часто выбирают себе собак, которые похожи на них.

Но Одиссея никто не брал. Не было похожих на него людей.

Одиссей долго жил в приюте и очень скучал. А ведь он был таким славным! Ему очень хотелось своего дома и своего хозяина или даже друга, если повезёт.

И одной тёмной ночью Одиссей решил бежать из приюта.

Пока все спали, он потихоньку выбрался из клетки.

Одиссей ведь не только славный, но и умный пёс и давно научился открывать замки.

Одиссей бежал быстро и долго, пока не очутился в дремучем лесу. И вдруг навстречу ему выскочила стая волков.

Другой бы испугался, но Одиссей был не только славным и умным, но ещё и храбрым. Поэтому так прямо у них и спросил: «Ребят, а где ваш хозяин?» А они ему отвечают: «Нет у нас хозяина! И не было никогда. Потому что мы волки, и у нас ни хозяина, ни друзей, никого нет. Мы сами по себе».

И что тогда оставалось делать, побежал Одиссей дальше. Видит — электричка едет. Он в неё заскочил и поехал. Ехал-ехал куда глаза глядят. А электричка привезла его в Грузию. Потому что это была не электричка вовсе, а поезд.

В Грузии Одиссей добежал до гор и видит: пасётся отара овец, а рядом — собака, тоже на овцу похожая. Такая большая и пушистая. «Привет! У тебя есть друг?» — гавкнул Одиссей. «Нет у меня друзей, только овцы. Но у меня есть хозяин — вон тот чабан».

Чабан был очень занят — считал овец, — и не обратил на Одиссея никакого внимания. Так что Одиссей помчался дальше…

Долго бежал Одиссей и очутился на берегу моря. А там стоял огромный белый корабль, который собирался отплывать. И Одиссей потихоньку пробрался на него.

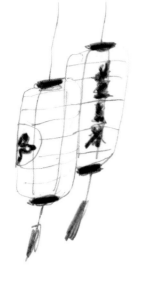
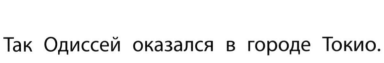

Так Одиссей оказался в городе Токио.

На площади он увидел памятник Хатико. Это такая известная японская собака, которая была верна своему хозяину. Когда хозяина не стало, Хатико продолжал ждать его всю оставшуюся жизнь.

От этой истории Одиссею стало грустно, и он побежал вперёд ещё быстрее…

Сел он опять на пароход и приплыл в Корею. А среди собак всякие слухи ходят про Корею эту. И как только там увидели Одиссея, сразу за ним побежали. Чего хотели, неизвестно, но на всякий случай Одиссей убежал от них.

А потом оказалось, что это просто соревнования были по бегу, и Одиссей первое место занял, но его догнать не смогли, чтобы медаль вручить.

Бежал он очень быстро и добежал до аэропорта, где грузчики перетаскивали багаж. Одиссей запрыгнул на их тележку и спрятался за большим чемоданом. Так он попал в самолёт. А самолёт долго летел, и Одиссей успел хорошенечко выспаться.

Оказалось, что самолёт прилетел в Калифорнию, прямо в Голливуд. Там как раз кино снимали про собак. Одиссею предложили сняться в главной роли. Он согласился. Гонорар обещали выплатить в виде целого грузовика собачьих консервов. Одиссей указал адрес своего приюта, потому что кормили там, прямо скажем, неважнецки. Но съёмки закончились, а хозяин так и не нашёлся. Поэтому побежал Одиссей дальше.

Бежал-бежал он и прибежал на Аляску. На Аляске живут эскимосы. А эскимосы, как узнал Одиссей, ездят на собаках. Поэтому, когда он там оказался, его сразу запрягли в сани и велели ехать. Так некоторое время Одиссей проработал ездовой собакой.

Но ему не очень понравилось — холодно и лапы устают. И вообще, он проголодался и подумал, что в приют как раз уже машина с консервами, наверное, доехала. Поэтому побежал Одиссей обратно, уже не надеясь найти себе хозяина. И тем более друга.

Когда Одиссей добежал, было уже поздно и очень хотелось спать. Лёг он во дворе каком-то и заснул крепко-крепко.

Утром открывает глаза и видит: рыжий мальчик, точь-в-точь как сам Одиссей. Присел на корточки и гладит его по спинке.

Мама мальчика поразилась такому сходству и решила взять Одиссея с собой. Тем более она как раз сама давно хотела собаку. Примерно с детства.

И стали они жить вместе. Одиссей был счастлив. Ему даже разрешили спать на диване. Все собаки рано или поздно начинают спать на диване, а вовсе не на собачьей подстилке, которую им специально покупают.

Однажды Одиссей лежал на диване перед телевизором, а мама с мальчиком тоже рядом, с краешку, сидели и кино смотрели, голливудское. А там вдруг Одиссея показали. После этого Одиссей на весь двор прославился и даже научился автограф давать детям. Вот.

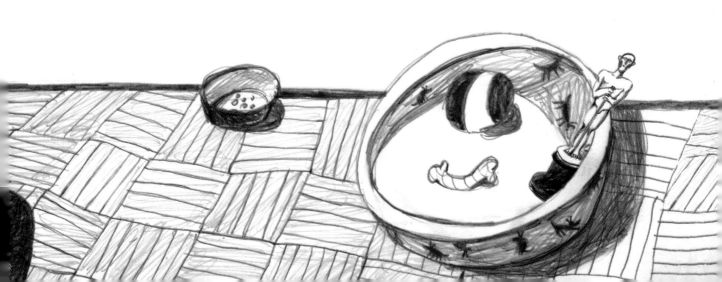

Серия «Пятая краска»
Литературно-художественное издание
Для младшего школьного возраста

Р*епетур* Л*ена*

ОДИССЕЙ ИЩЕТ ДРУГА

Рассказ

Разработчик серии *Вадим Романенко*
Ответственный редактор *Марианна Прангишвили*
Корректор *Оксана Другова*
Компьютерная вёрстка *Елена Негуляева*
Компьютерная обработка иллюстраций *Анна Курилина*

Орденов Трудового Красного Знамени и Дружбы народов
АО «Издательство «Детская литература».
117418, Москва, ул. Новочерёмушкинская, 61.
www.detlit.ru
По вопросам приобретения книг
обращайтесь по тел.: +7 (495) 933-55-65, доб. 205.

Подписано в печать 31.10.2019. Формат 84х90 $^1/_{16}$.
Гарнитура Myraid Pro. Печать офсетная. Бумага мелованная.
Усл. печ. л. 2,80. Уч.-изд. л. 3,17. Тираж 3 000 экз.
Заказ № 5700.

Отпечатано в филиале «Тверской полиграфический комбинат
детской литературы» ОАО «Издательство «Высшая школа»
Российская Федерация, 170040,
г. Тверь, проспект 50 лет Октября, д. 46.
Тел.: +7(4822) 44-85-98. Факс: +7(4822) 44-61-51.

УДК 821.161.1
ББК(2Рос=Рус)6
Р41

Репетур, Лена
Р41   Одиссей ищет друга : рассказ / Лена Репетур ; рис. авт. — М. : Дет. лит., [2020]. — 32 с. : ил. — (Пятая краска).

ISBN 978-5-08-006225-4

Увлекательная история об одном славном, умном и храбром псе, ищущем друга.

УДК 821.161.1
ББК(2Рос=Рус)6

© Репетур Лена, текст, рисунки, 2020
© Оформление. АО «Издательство «Детская литература», 2020

ISBN 978-5-08-006225-4